PARIS SANS PAIR
BIBLIOTHÈQUE
DE
PAUL LACOMBE

HOTEL

DE LA PRÉSIDENCE,

ACTUELLEMENT

HOTEL DE LA PRÉFECTURE DE POLICE.

Sur le Préfect de Pol.
Voir la première table décennale
de la Soc. de l'hist. de Paris, au
mot Préfecture.

DE LA PRÉSIDENCE,

ACTUELLEMENT

HOTEL DE LA PRÉFECTURE DE POLICE.

RECHERCHES HISTORIQUES

par M. E. Labat,

ARCHIVISTE DE LA PRÉFECTURE DE POLICE, MEMBRE DE LA SOCIÉTÉ ROYALE
DES ANTIQUAIRES DE FRANCE.

*Laudis est occasio si, in causâ communi,
aliquid singulariter videatur impleri.*
Cassiod., Lib. x. — Ep. 18.

PARIS,

LOTTIN DE SAINT-GERMAIN,
IMPRIMEUR DE LA PRÉFECTURE DE POLICE, RUE DE JÉRUSALEM, 3.

1844.

A MONSIEUR GABRIEL DELESSERT,

PAIR DE FRANCE, CONSEILLER D'ÉTAT, PRÉFET DE POLICE.

MONSIEUR LE PRÉFET,

Vous m'avez chargé de faire des recherches sur un édifice dont l'existence rappelle une institution aujourd'hui abolie, mais dont l'utilité, la grandeur et la force ne sauraient être mises en doute par personne.

Il vous a paru, qu'en présence de nécessités qui peuvent imposer le sacrifice de ce monument, il importait de recueillir les documens historiques qui s'y rattachent, et de séparer, en quelque sorte, ce qui doit périr de ce qui doit être conservé.

Dans l'intérêt même de l'Administration publique, la demeure du premier Président du Parlement de Paris offrait des souvenirs qu'il pouvait être bon de consulter. et vous avez jugé que l'étude des institutions passées avait cet avantage, qu'en nous découvrant d'où sont sorties celles qui nous régissent, elle nous éclaire à la fois sur les progrès que nous avons faits et sur ceux qu'il nous reste à faire.

Je m'estimerai heureux, Monsieur le Préfet, si ce premier travail ne vous paraît pas trop indigne du but essentiellement utile que vous vous êtes proposé.

Votre très-humble et très-obéissant serviteur,

E. LABAT.

HOTEL DE LA PRÉSIDENCE,

ACTUELLEMENT

HOTEL DE LA PRÉFECTURE DE POLICE.

L'histoire des Monumens de la vieille Cité parisienne est fort incomplète (1).

C'est à peine si, sur les plus importans d'entr'eux, tels que Notre-Dame, le Palais-Royal (*Palais-de-Justice*) et la Sainte-Chapelle, on trouve des renseignemens qui donnent une idée exacte de leur origine ainsi que des diverses transformations qu'ils ont subies.

Les autres sont mentionnés, il est vrai, mais il faut voir

(1) Nous entendons par *Cité*, la partie de Paris comprise dans l'île du Palais. Au commencement du xvi⁰ siècle, Paris était divisé en trois quartiers : la Cité proprement dite, la Ville, au nord, et l'Université, au midi; c'est pour cela qu'un poète latin le compare à un immense oiseau qui se baigne dans le fleuve, et étend ses ailes sur chaque rive, en attendant de prendre son vol vers les hauteurs.

avec quelle sorte de dédain et d'insouciance les historiens laissent tomber, à leur sujet, quelques mots qui aident à déterminer avec plus ou moins de certitude l'époque de la construction primitive. Quant à l'œuvre en elle-même, à sa destination, aux noms de ceux qui ont présidé à sa fondation ou à son achèvement, ce sont pour l'ordinaire des détails entièrement négligés, et, par conséquent, autant d'énigmes proposées à la sagacité des savans et des archéologues.

L'Hôtel du Bailliage, devenu plus tard Hôtel de la Présidence, et, de nos jours, Hôtel de la Préfecture de Police, est au nombre de ces monumens que les historiens de Paris ont oublié ou dédaigné de décrire, et sur lesquels il nous reste fort peu de renseignemens.

Nous essaierons toutefois de nous faire jour à travers cette obscurité ; et, à défaut de documens directs et positifs, nous nous servirons des élémens que nous avons pu recueillir, pour arriver par voie d'induction et d'analogie à la solution du problème qui nous occupe.

Et d'abord, pour ne rien omettre, et sans trop nous éloigner du cercle que nous nous sommes tracé, jetons rapidement un coup-d'œil sur l'état de la Cité, au commencement du XIᵉ siècle, c'est-à-dire peu après l'avénement de la troisième race.

A cette époque, la partie occidentale de l'île offrait, indépendamment du Palais habité par les rois, la chapelle Notre-Dame de l'Étoile, attenant au Palais, et la chapelle Saint-Michel, bâtie sur l'emplacement actuel de la rue Sainte-Anne. Le reste était occupé par des jardins entourés de haies ou de murailles et assez bien entretenus, si on en juge d'après les historiens et les poètes. (1)

---

(1) Les passages suivans font connaître l'état de ces jardins aux VIᵉ, XIIIᵉ et XVIIᵉ siècles :

Mitior hìc æstas, ubi molli blanda susurro,
Aura levis semper pendula mala quatit.
Hæc magno inservit rex Childebertus *honore, etc.*

FORTUNAT. *lib.* VI.

—Joinville rapporte que saint Louis aimait à y rendre la justice: « Aussi
» plusieurs fois ai vu, au tems d'été, que le bon Roi venait au jardin,
» vêtu d'une cotte de camelot, d'un surcot de tiretaine sans manches,

Un peu plus loin, en suivant le cours du fleuve, on voyait deux petites îles : la première, appelée par les uns *Ile des Vignes*, par les autres *Ile aux Bureaux*, était séparée de la Cité par un bras de la Seine, correspondant, pour la largeur et la direction, à la rue actuelle de Harlay (1); l'autre était désignée sous le nom d'*Ile de Bussy* ou de *la Gourdaine*; elle forme aujourd'hui le terre-plein du Pont-Neuf.

Ces deux petites îles n'offraient aucune trace de construction.

Quant aux édifices particuliers élevés sur la partie de la Cité que nous venons de décrire, ils consistaient en quelques maisons situées vers le bras méridional du fleuve, et principalement destinées à l'habitation des prêtres desservant les chapelles Saint-Michel et Notre-Dame de l'Étoile.

Le gouverneur du Palais portait alors le titre modeste de Concierge, et avait logement dans la demeure du Roi. Plus tard, cette qualification fut changée en celle de Bailly (2), et les fonctions dont ce personnage était revêtu lui donnèrent droit de juridiction dans l'intérieur et autour du Palais. Il

» et d'un mantel par dessus de sandal noir. Il faisait là étendre des » tapis pour nous asseoir auprès de lui, et là faisait dépêcher son peuple » diligemment comme au bois de Vincennes. » (*Vie de saint Louis.*)

— C'est dans ce jardin que saint Louis reçut l'hommage de son grand vassal, Henri III d'Angleterre.

— Voici maintenant ce qu'en dit Claude Malingre, historiographe du roi Louis XIII : Ce jardin est très-bien entretenu et embelli de quantité de beaux parterres de fleurs, et au milieu, d'un grand bassin qui reçoit l'eau d'une belle fontaine en forme de déesse. (*Antiquités de Paris*, page 128.)

(1) Dans cette île, on fit brûler, le 18 mars 1313, le Grand-Maître des Templiers et le Maître de Normandie.

(2) Ce changement eut lieu, pour la première fois, en 1413, lors de la nomination de Jean Juvénal des Ursins. — Plus tard, le roi Louis XI, en appelant à ces fonctions son médecin, Jacques Cottier, eut soin de fixer les limites de sa juridiction. On lit dans les comptes de la Prévôté de Paris, p. 649 : « Don fait par le roi Louis XI à Me Jaques Cottier, son médecin et vice-président des comptes, des offices de concierge et bailly du Palais à Paris, la geollerie, maisons, jardins, droits et devoirs d'iceux, les bancs et estaux tant desdits lieux et salles du Palais qu'à l'entour d'icelui; et était auparavant bailli et concierge, Me Jehan de la

fallut lui élever un Hôtel à part, et lui composer une Chambre de Justice pour l'exercice de sa juridiction.

Selon Corrozet, c'est en l'an 1485 que l'on commença à construire l'hôtel, appelé *Hôtel du Bailliage*. L'inscription placée sur la porte principale ne laisse aucun doute à cet égard. Cette inscription était composée en lettres d'or et d'azur ; les lettres d'or, prises comme chiffres romains, donnaient en effet le nombre 1485, date de la fondation.

Voici l'inscription telle que Corrozet l'a recueillie :

» LES LETTRES D'OR DIENT L'ANNÉE

» QUE L'OEUVRE FUT ENCOMMENCÉE :

» AU TEMPS DU ROI, CHARLES LE HUICT,

» CESTUY HOSTEL SI FUT CONSTRUICT »

En relevant les lettres d'or du second distique : ·

» AV teMps DV roI CharLes Le hVIct

» CestVI hosteL sI fVt ConstrVIct. »

On trouve :

M.	CCC.	LLL.	VVVVVV.	IIIII.
Mille.	Trois cents.	Cent cinquante.	Trente.	Cinq.

Soit :

M.	. . . .	1000
CCC.	. . . .	300
LLL.	. . . .	150
VVVVVV.	. . . .	30
IIIII.	. . . .	5
MCCCCLXXXV.	. . . .	1485

Corrozet écrivait vers le milieu du XVIe siècle, époque où l'Hôtel du Bailliage existait encore. C'est d'ailleurs, sous le

Driesche auquel ledit roi l'osta. » Daté de septembre 1482. — Lettres de confirmation par ledit roi, en novembre suivant.

— Le mot *baillif*, dit Etienne Pasquier, dans ses *Recherches*, ne signifiait autre chose que gardien ; et *baillie*, garde ; comme on peut voir dans ces vers du roman de la Rose :

Cœur failly
Qui de tout deuil est bailly.

double rapport du caractère et du savoir, un témoin digne de la plus grande confiance. Les indications qu'il fournit ne sauraient donc être contestées.

Si les historiens qui sont venus après lui avaient suivi son exemple; s'ils avaient recueilli et consigné dans leurs écrits la date où des constructions nouvelles se sont élevées sur l'emplacement des anciennes, notre tâche serait aujourd'hui plus facile, et nous n'aurions pas à lutter péniblement contre l'ignorance ou l'erreur dans la recherche des faits qu'il nous reste à expliquer.

Une chose pourtant, nous semble, dès ce moment, hors de doute : c'est que les Chefs du Parlement ont pris la place des Baillis du Palais, et que l'Hôtel du Bailliage a disparu devant une construction plus récente : celle de l'Hôtel des premiers Présidens.

Mais à quelle époque précise remonte cette construction? Par qui fut-elle ordonnée ou entreprise? Quelle indication peut-on tirer des médaillons qui décorent les deux façades principales? Enfin, que signifie le chiffre **W** sur quelques-unes des croisées ouvertes au couchant?

Telles sont les questions qu'il s'agit de résoudre pour dégager la vérité historique des ténèbres où l'ont laissée les historiens.

Et d'abord, à ne considérer que le caractère de la construction, il est évident que le bâtiment composé de maçonnerie en moëllons avec revêtement en placage de briques et encadrement de pierres en bossage, appartient à l'époque qui a vu construire la place Royale et la place Dauphine.

D'ailleurs, si l'on examine attentivement les médaillons, le nom des personnages qui y sont représentés, les insignes dont ceux-ci sont revêtus, on y trouvera la preuve certaine que la construction est postérieure au règne de Henri III. Ainsi, un des chanceliers est décoré de l'ordre du Saint-Esprit, institué en 1578; de plus, on trouve parmi les connétables et maréchaux, Montluc, mort en 1582, le prince Henri de Condé, mort en 1588; et, parmi les chanceliers, le comte Huraut de Chiverny, mort en 1599.

Nul doute d'après cela qu'on ne doive fixer au règne de Henri IV la première date de la construction de l'Hôtel de la Présidence.

Les renseignemens historiques tendent à confirmer cette hypothèse.

Ainsi que nous l'avons dit, deux constructions importantes datent de la même époque : la place Royale et la place Dauphine.

Or, nous savons que c'est en 1607 que le roi Henri IV fit commencer les travaux de la place Royale, terminée en 1613; et les chartes de concession nous apprennent que c'est dans la même année 1607, que Henri IV conçut *le projet de faire bâtir sur l'île du Palais, d'y ouvrir des rues, d'y faire une place publique, et de couvrir ses quais de maisons.*

Déjà, en 1578, et au moment où il posait la première pierre du Pont-Neuf, Henri III avait fait combler l'espace qui séparait entr'elles les îles du Palais, des Vignes et de Bussy. Le terrain qui s'étendait depuis les murs d'enceinte du Palais jusqu'à la ligne du Pont-Neuf, offrait alors un bâtiment d'assez pauvre apparence, dans lequel on avait établi des étuves destinées aux princes et aux officiers de leur maison. Par lettres-patentes, en date de 1607, Henri IV fit don de ce terrain au premier Président Achille de Harlay (1), *à la charge d'y faire bâtir suivant les plans et devis donnés par le Grand-Voyer.*

Il est permis de croire qu'en même tems qu'il dirigeait les constructions publiques sur la partie de l'île qui lui avait été concédée, le premier Président fit commencer, sur l'emplacement de l'Hôtel du Bailliage, l'hôtel qu'il devait occuper lui-même, et qui fut terminé par M. de Verdun, son successeur.

On aurait peine à comprendre le silence des historiens contemporains, à ce sujet, si on ne savait combien, en

(1) C'est ce magistrat qui, après la sortie de Henri III de Paris, disait au chef des Ligueurs : « C'est grand'pitié, Monsieur, lorsque le » valet chasse le maître. » Et comme on menaçait d'attenter à sa vie, il ajoutait avec un calme sublime : « Mon âme est à Dieu, mon cœur au » Roi, et mon corps entre les mains de la violence pour en faire ce » qu'elle voudra. » — Dans une autre circonstance, il avait dit ces paroles qui valent bien aussi la peine d'être recueillies : « Je n'ai ni tête » ni vie que je préfère à l'amour que je dois à Dieu, au service que je » dois au Roi, et au bien que je dois à ma patrie. »

général, ils se montrent avares de descriptions et de recherches, toutes les fois qu'il s'agit de monumens peu accessibles
aux regards du public, et qui, par conséquent, ne sont pas
destinés à l'embellissement de la ville.

Celui-ci n'était pourtant pas indigne de leur attention, à
ne considérer que la double façade donnant alors sur le
jardin, façade dessinée avec une sévère élégance et dont la
décoration offrait un puissant attrait historique.

Aujourd'hui même, cet intérêt n'a pas entièrement disparu; les médaillons, placés entre les croisées, présentent
une série de portraits exécutés par une main habile, et dont
l'ensemble reproduit assez exactement le tableau de hautes
juridictions ayant siége au Palais. (1)

Ainsi, c'est d'abord la Connétablie (2) représentée par

(1) Une suite à peu près pareille de portraits existait dans la grande
galerie du Palais. Elle a été décrite par Florent Lecomte, dans son
Cabinet des Singularités de la Peinture et de la Sculpture, T. Ier.

(2) La connétablie était le tribunal du connétable, devenu plus tard
celui des maréchaux. — Les fonctions de connétable comme chef de
toutes les forces militaires du royaume, étaient de maintenir l'ordre
public, de commander les armées, d'y faire observer la discipline, et
d'empêcher que les gens de guerre n'opprimassent le peuple. — Des
fonctions aussi étendues et dont les détails étaient infinis, dépassaient
les forces d'un seul homme; le connétable établit donc sous lui un
certain nombre d'officiers pour les exercer avec lui et en son nom. Telle
est l'origine de la *connétablie*. — Lorsque les connétables ou maréchaux
de France se rendaient en corps au tribunal dont ils étaient les présidens,
ils étaient accompagnés de leurs gardes, et portaient un petit manteau
avec le chapeau orné de plumes. (*Voir* médaillon n° 2.)

Ce costume était celui des ducs et pairs. — « A cette époque, les droits
des pairs étaient fort étendus. Ils assistaient au sacre du Roi, la couronne
en tête, y *faisant fonction royale*, c'est-à-dire représentant la monarchie,
et soutenant tous ensemble la couronne du roi. — En qualité de plus
anciens et de principaux membres du Parlement, ils avaient entrée,
séance et voix délibérative en la grand'chambre et aux chambres assem-
blées. Dans leurs causes, tant civiles que criminelles, ils avaient le droit
de n'être jugés que par la cour *suffisamment garnie de pairs*.

« Les ducs et pairs, dit Sauval, soit qu'ils fussent princes ou même
Fils de France, étaient jadis obligés de donner des roses au Parlement,
en avril, mai et juin. On ignore la cause d'une semblable coutume. On
sait seulement que le pair qui était appelé à faire cette cérémonie faisait

Duguesclin et le duc de Bourbon (1); la cour des Maréchaux de France, par Blaise de Montluc et Henri de Condé; et la Grande-Chancellerie, par le cardinal du Prat, l'Hôpital et

joncher de roses, de fleurs et d'herbes odoriférantes toutes les chambres du Parlement, et, avant l'audience, réunissait, dans un repas splendide, les présidens, les conseillers et même les greffiers et huissiers de la cour. Il allait ensuite dans chaque chambre, faisant porter devant lui un grand bassin d'argent, lequel contenait autant de bouquets de roses, d'œillets et d'autres fleurs naturelles ou artificielles, qu'il y avait d'officiers, avec un pareil nombre de couronnes composées des mêmes fleurs et rehaussées de ses armes. On lui donnait ensuite audience dans la grand'chambre; puis il assistait à la messe avec le Parlement entier. — La présentation des roses se faisait généralement par ceux qui avaient des pairies dans le ressort du Parlement de Paris. — Le président Hénault rapporte que, sous le règne de François I*, il y eut dispute entre le duc de Montpensier et le duc de Nevers sur *la baillée des roses* au Parlement. Le Parlement ordonna que le duc de Montpensier les *baillerait* le premier, à cause de sa qualité de prince du sang, quoique le duc de Nevers fût plus ancien pair que lui. — Parmi les princes du sang qui se soumirent à cet usage, on compte encore les ducs de Vendôme, de Beaumont, d'Angoulême et beaucoup d'autres. Antoine de Bourbon, roi de Navarre, s'y assujétit en qualité de duc de Vendôme; et Henri IV, avant d'être roi de France, justifia au procureur-général, que ni lui ni ses prédécesseurs n'avaient jamais manqué de satisfaire à cette redevance. Elle a cessé entièrement dans le dix-septième siècle, sans qu'on en puisse fixer précisément l'époque. Il y a apparence toutefois que ce fut sous le ministère du cardinal de Richelieu. »

(1) Froissard rapporte que Charles V, voulant récompenser les services de Bertrand Duguesclin, crut devoir lui conférer la dignité de connétable; mais que Duguesclin, *aussi modeste que brave*, se défendit longtems avant d'accepter l'honneur qu'on voulait lui faire. La lettre qu'il écrivit au Roi, dans cette circonstance, mérite d'être rapportée :

> « Cher Sire, je ne vous puis ne ose dédire de votre bon
> » plaisir; mais il est vérité que je suis un pauvre homme et de
> » basse naissance, venu en l'office de connestable, qui est si
> » grand, si noble, qu'il convient à qui bien le veut exercer et
> » s'en acquitter, qu'il commande et exploite trop avant, et
> » plus sur les grands que sur les petits. Et voyez Messeigneurs
> » vos frères, vos neveux et vos cousins qui auront charge de
> » gens d'armes et en ost et en chevauchées, comment oserai-je
> » commander sur eux ? »

Chiverny. Les portraits des Chefs du Parlement étaient dans la bibliothèque du premier Président.

Ces médaillons, peints à l'huile sur un enduit de mortier, de chaux et de sable, sont d'un travail plus fini que la plupart des peintures de ce genre ; et la manière dont ils ont résisté jusqu'ici aux injures du tems et au vandalisme stupide des démolisseurs, prouve combien il eût été facile de conserver un des plus curieux monumens de l'art au XVIIe siècle.

Des tablettes en marbre noir, placées au-dessous de chaque médaillon, portaient le nom et les titres des personnages qui y étaient représentés. Trois de ces tablettes existent encore : ce sont celles de Bertrand Duguesclin, du duc de Bourbon et du maréchal de Montluc. L'absence des autres nous réduit à de simples conjectures, dans lesquelles pourtant nous sommes guidés par la ressemblance qui existe entre plusieurs des portraits peints sur le mur et les portraits gravés dans les collections de la Bibliothèque royale. (1)

Outre les corps de logis que nous venons de décrire extérieurement, l'Hôtel de la Présidence avait, dans une galerie ouverte et aboutissant par deux cours au quai de l'Horloge, les cuisines, les écuries et la basse-cour. Ces constructions occupaient toute la longueur du passage qui existe encore aujourd'hui, dans la direction du sud au nord, à partir de l'arcade qui sert de communication entre les deux premières cours jusqu'au quai.

Tel était, vers l'an 1620, l'ensemble des constructions qui composaient l'Hôtel de la Première Présidence. Aucune modification notable n'y fut introduite durant les deux premiers tiers du XVIIe siècle. Mais en 1671, un arrêt du Conseil

(1) C'est ainsi que nous avons reconnu Henri de Condé dans le personnage du 5e médaillon, le cardinal du Prat, dans le 6e, et le chancelier de Chiverny, dans le 8e. — (Voir, à la Bibliothèque royale, l'ouvrage intitulé : *Rois et Reines de France dessinés sur différens monumens depuis Henri II.*) — Huraut, comte de Chiverny, fut fait officier de l'ordre du Saint-Esprit en 1578, et chancelier de France en 1593. Plus tard, Henri IV le chargea de réorganiser le Parlement. — En 1792, quand le maire de Paris vint prendre possession de l'Hôtel de la Présidence, les gens de son escorte, dit-on, mutilèrent à coups de pique l'image du chancelier de Chiverny, probablement à cause de l'ordre dont il est décoré.

consacra, en faveur de M. de Lamoignon (1), l'*Aliénation du Jardin du Bailliage*, c'est-à-dire de tout le terrain compris entre le Palais et la rue de Harlay.

Des dispositions insérées dans cet acte important résultait, pour *le Seigneur acquéreur*, l'obligation :

« 1° De faire faire incessamment une ouverture grande à » rendre portail dans la rue de Harlay, vis-à-vis de l'ou- » verture de la place Dauphine, pour entrer dans une » place prise dans l'ancien jardin (2) ;

» 2° De faire construire, autour de ladite place, des » bâtimens et boutiques d'une forme d'architecture la plus » agréable qu'il sera possible pour être occupés par toutes » sortes de marchands ;

(1) Guillaume de Lamoignon, marquis de Bàville, comte de Launay-Courson, baron de Saint-Yon, était premier Président depuis le 16 novembre 1658. — On sait qu'il fut un homme intègre et un savant magistrat, mais on ignore assez généralement que c'est à ses encouragemens et à ses conseils que nous sommes redevables du bel ouvrage de de Lamarre, *sur la Police*. Le premier Président aimait à s'entretenir avec le studieux écrivain. « Un jour, dit Lecler-du-Brillet, son continuateur, M. de Lamoignon passa dans sa bibliothèque avec de Lamarre, et, après quelques réflexions sur l'attention qu'on avait toujours donnée à l'étude du droit privé, par préférence au droit public, il dit à M. de Lamarre : *J'ai formé deux desseins que je veux vous communiquer, parce que j'espère que vous voudrez bien m'aider ; le premier, de connaître mon Paris comme je connais ma maison ; et le second, de rassembler dans un corps tout ce qui concerne le droit public.*

» M. de Lamarre objecta les difficultés de cette entreprise et l'insuffisance de ses lumières ; mais M. de Lamoignon, qui en jugeait autrement, lui dit : *Je ne reçois point votre excuse. Commencez et je réponds de la réussite. Je ne vous demande que deux jours de la semaine et deux heures chaque jour. Vous disposerez de ma bibliothèque ; on vous communiquera les registres du Parlement, et je vous procurerai toutes les autres entrées dans les dépôts, dans les bibliothèques et dans les cabinets dont vous aurez besoin.*

» Une proposition si honorable fut acceptée avec reconnaissance ; et M. de Lamarre se mit à l'œuvre avec une ardeur que ne put ralentir la mort même de son illustre protecteur, arrivée à la fin de la même année 1677 ». — (Voir tome IV du *Traité de la Police*. — Éloge de M. de Lamarre, par Lecler-du-Brillet.)

(2) C'est la place désignée, aujourd'hui, sous les noms de *Cour Neuve* ou *Cour de Harlay*.

» 3° De faire édifier et élever une galerie, à prendre
» depuis le derrière des maisons de la rue de Harlay jusqu'à
» la face du mur de la tour de la Connétablie (1), laquelle
» galerie sera composée, en dedans, de boutiques, arrière-
» boutiques et logemens, de deux côtés, en laissant un
» passage entre les comptoirs desdites boutiques pour la
» commodité du public. Et ladite galerie communiquera
» dans celle du Palais par la tour où se tient le siége de la
» Connétablie ; et à cette fin, sera ladite tour ouverte d'outre
» en outre, et il y aura des boutiques de même symétrie
» que celles de ladite galerie ;

» 4° De faire faire deux escaliers, l'un du côté de la rue
» de Harlay, et l'autre du côté du Palais en face du grand
» portail ; et ladite galerie rejoindra par un bout en retour
» le premier escalier, et par l'autre bout, le second. Et
» pour la rendre claire et agréable, des fenêtres et ouver-
» tures seront faites, des deux côtés, au-dessus des bou-
» tiques ;

» 5° A cet effet, ledit *Seigneur acquéreur* sera tenu de
» laisser une rue (2) par le derrière, le long de ladite gale-
» rie ; et de faire construire des maisons en face qui seront
» adossées à celles qui regardent le quai de la Mégisserie ;
» au bout de laquelle rue sera laissée une petite place
» carrée ;

» 6° Pour les dégagemens et commodités de tous lesdits
» bâtimens, places et rues, ledit *Seigneur acquéreur* fera
» faire une ouverture sur le quai de l'Horloge, à l'endroit du
» passage et sortie des écuries de l'hôtel, lequel passage sera
» public et ouvert par les deux bouts avec des boutiques
» dans l'épaisseur des piliers boutans ;

» 7° Et attendu qu'il est de la commodité de MM. les pre-
» miers Présidens, demeurant dans ledit hôtel, d'avoir une
» entrée par la galerie neuve, dans le Palais, ledit *Seigneur*
» *acquéreur* fera faire une ouverture et un passage de com-
» munication du petit cabinet attenant à la grande salle du
» dit hôtel, pour monter dans ladite galerie ;

» 8° Et parce que Sa Majesté veut que, pour la commodité

(1) Cette galerie existe encore et porte le nom de *Galerie Lamoignon.*
(2) La rue de Lamoignon.

» dudit hôtel, il y ait un nouveau jardin considérable au
» lieu de l'ancien, et qu'il est nécessaire de prendre pour cet
» effet la place contenue dans la maison et autres bâtimens
» des Chartres, cour, jardin et passage en dépendant (1),
» jusques et attenant la grande galerie commencée au bout
» du principal appartement dudit hôtel, et qui n'est à
» présent élevé que jusqu'au rez-de-chaussée ;
» 9° Et afin de pouvoir joindre au nouveau jardin dudit
» hôtel toute la place sur laquelle lesdits bâtimens des
» Chartres ont été faits, ensemble la cour, jardin et passage
» attenant, et n'en composer qu'un seul jardin qui demeu-
» rera et appartiendra à perpétuité audit hôtel pour MM. les
» premiers Présidens, ledit *Seigneur acquéreur* fera démolir
» lesdits bâtimens, et, de tout l'espace qu'ils contiennent, il
» fera former, dresser et planter un nouveau jardin auquel
» il fera transporter et planter le bassin et tuyau de fontaine
» qui sont dans l'autre jardin, pour faire conduire l'eau
» dans le nouveau (2). Même fera parachever la galerie

(1) Dans les premiers tems, le *Trésor des Chartes* était situé dans la Sainte-Chapelle, au-dessus de la sacristie. M. Fouquet qui, en qualité de procureur-général au Parlement de Paris, avait été garde de ce trésor, conformément à l'édit du mois de janvier 1582, voulut, lors de son avénement à la surintendance des finances, donner aux Chartes de nos rois un local plus vaste et plus commode. En conséquence, il fit bâtir, près du Palais et dans un des coins du jardin du premier Président, un hôtel qui leur était spécialement consacré. Mais cet établissement ne fut pas de longue durée ; puisque, commencé en 1658, il survécut à peine dix années, à la disgrâce de son fondateur, arrivée le 3 septembre 1661.

(2) Le bassin fut, en effet, transporté dans le nouveau jardin ; mais, depuis, il a été comblé et recouvert d'une couche de terre. Nous pensons qu'en opérant une fouille à environ un mètre de profondeur, on parviendrait à découvrir ce bassin qui peut bien n'être pas d'une grande valeur au point de vue de l'art, mais qui certes ne saurait être un monument historique sans importance, si l'on considère qu'il figurait dans l'ancien jardin des rois de France. Pour arriver au monument enfoui, il suffirait peut-être de creuser à l'extrémité de la pièce de gazon, comprise entre le pied du peuplier suisse qui s'élève vers l'angle du corps de logis occupé par le Cabinet du Préfet, et la première corbeille qui s'étend dans la direction de la rivière..... D'après des renseignemens dignes de foi, cette place est celle où fut posé le bassin, lors des reconstructions faites par ordre de M. de Lamoignon. On l'y voyait encore au commencement de ce siècle.

» commencée au bout dudit appartement de l'hôtel de fond
» en comble avec un salon ; faire des logemens pour aug-
» menter les commodités dudit hôtel ; desquels galerie,
» salon, appartement, les vues seront percées du côté du
» nouveau jardin.

» Tous lesquels ouvrages ci-devant déclarés seront inces-
» samment faits aux frais et dépens dudit *Seigneur acquéreur;*
» et, à cet effet, il sera tenu de suivre le plan signé des sei-
» gneurs-commissaires dont le double sera et demeurera à
» la minute des présentes pour y avoir recours quand besoin
» sera, (1) etc., etc.

» Fait et passé, l'an MDCLXXI, le XXII février. »

Quelle que soit l'étendue du document qui précède, nous
n'avons pas hésité à le citer presque en entier, d'abord parce
qu'il peut tenir lieu des renseignemens qui nous manquent
touchant la reconstruction de l'Hôtel de la Présidence, et
ensuite parce que, en décrivant minutieusement les travaux
à exécuter, au moment même de la concession, il nous per-
met de constater comment, en quel tems, et par qui furent
accomplis les changemens qui s'opérèrent dans l'ensemble et
la disposition des bâtimens.

Ainsi, c'est en vertu de cet acte, que le premier Président
Guillaume de Lamoignon fit achever la galerie commencée
à la suite de l'aile méridionale de l'hôtel (2), et poussa la
construction jusqu'à la rencontre des maisons qui bordent la
rue de Harlay, laissant un double espace, l'un au sud pour
le nouveau jardin, l'autre au nord pour la place appelée
depuis Cour Neuve et Cour de Harlay (3).

---

(1) Ce plan eût singulièrement contribué à faciliter nos recherches ;
tous les soins pris pour le découvrir sont restés infructueux.

(2) C'est dans cette partie de l'hôtel qu'était la bibliothèque décrite par
Germain Brice. « *La galerie*, selon cet historien, *renfermait des livres
d'un excellent choix, et était terminée par une perspective de l'ouvrage
de Boyer, qui produisait un heureux effet en terminant cette grande suite
avec magnificence. Les portraits des premiers Présidens, depuis l'établissement de cette grande charge, étaient placés sur les tablettes de la
bibliothèque.* »

(3) Pour la prompte et facile exécution de ces travaux, M. de Lamoignon, par acte du 9 avril 1671, traita avec plusieurs particuliers, et leur
céda la moitié du terrain aliéné à son profit, à la charge par eux de faire

Conformément aux prescriptions de l'arrêt du Conseil que nous avons cité, une porte fut ouverte sur la rue de Harlay, dans l'axe de la place Dauphine, et on éleva le corps de bâtiment qui sépare la cour Neuve de la cour Lamoignon, tandis qu'aux deux extrémités de ce bâtiment on pratiquait les deux escaliers tels qu'ils existent aujourd'hui.

A ces travaux déjà fort importans et qui donnaient aux abords du Palais une physionomie toute nouvelle, M. de Lamoignon en ajouta d'autres qui avaient pour objet principal d'agrandir la demeure des premiers Présidens. Alors fut construit le corps-de-logis qui fait face à la porte d'entrée et dont le style contraste d'une manière si choquante avec la façade des autres bâtimens (1).

C'est là que se trouvait, au premier étage, une grande salle décorée avec luxe, et qui s'étendait vers la partie occupée maintenant par le Dépôt. Tous les ans (au jour de la Saint-Martin), le premier Président y donnait à dîner aux membres du Parlement dont l'ouverture avait lieu le lendemain (2); et, à cause de cela, cette salle prit le nom de

les acquisitions nécessaires pour les ouvertures des portes, et remplir à sa décharge les obligations qu'il avait contractées envers le roi. Plus tard, on devait procéder, entre toutes les parties, au partage par moitié desdits lieux et bâtimens. — Ce partage eut lieu le 20 février 1676. — La réception des travaux fut faite le 17 juin 1682, par des experts nommés à cet effet. — On lit dans leur procès-verbal, à propos du portail sur la rue du Harlay : « Nous avons trouvé que ladite entrée et ouverture a été faite au droit d'une maison acquise de messire Achille de Harlay, moyennant 25,500 livres, pour prix de ladite maison ayant pour enseigne *le Bon Secours*. (Le sieur Collin, acquéreur.) »

(1) On trouve dans l'œuvre d'Israël Sylvestre une vue gravée de l'hôtel du premier Président. Cette gravure, de très petite dimension, représente la façade dont nous venons de parler avec le corps de bâtiment à droite, et à gauche la cour et le jardin. (Voir la *Collection d'estampes de la Bibliothèque royale*, et la *planche 4 de la présente notice*.)

(2) L'ouverture du Parlement était précédée d'une messe célébrée ordinairement par un évêque. Elle avait lieu dans la grande salle du Palais, et on la nommait *Messe rouge* à cause de la couleur des habits de Messieurs du Parlement. (Hurtaut, *Dict. hist. de Paris.*)

Les habits de cérémonie de la cour du Parlement, dit Sauval, T. II, p. 393, sont, pour les Présidens, le manteau d'écarlate fourré d'hermine et le mortier de velours noir. — Le premier Président porte deux galons

Salle Saint-Martin, nom qu'elle conserva longtems après avoir changé de destination. Aujourd'hui, elle n'existe plus; et pourtant il n'est pas rare d'entendre parler de la *Salle Saint-Martin* pour désigner la salle commune du Dépôt de la Préfecture de Police.

Comme nous l'avons dit, la construction élevée par ordre de M. de Lamoignon, fait face à la principale entrée de l'hôtel, et se lie ainsi, à angle droit, à l'ancien corps de bâtiment situé au couchant. C'est sur le linteau des fenêtres, au second étage de ce dernier bâtiment, qu'on trouve le chiffre **W** qui a si fort exercé la sagacité des historiens et des antiquaires. Sculpté en relief au nœud de deux branches de laurier et de chêne, ce chiffre figure sur trois des six croisées, et alterne avec un mortier qui ornait les trois autres, mais qui a été détruit pendant la tourmente révolutionnaire.

L'origine de cette espèce de monogramme a donné lieu aux plus étranges explications. Les uns y ont vu une devise de circonstance, et ont prétendu que ce double **W** signifiait: *Vive Valois.* D'autres ont cru y retrouver l'initiale de nous ne savons quels architectes nommés Wirmbold et Wauthier. Enfin, il en est qui n'ont pas reculé devant un anachronisme de plusieurs siècles, et qui ont affirmé hardiment que ce chiffre était celui de l'évêque Jean *Winchester*, le fondateur de l'ancien château, bâti près de Gentilly, en 1290, et que, par corruption, nous appelons aujourd'hui *Bicêtre.*

A notre avis, aucune de ces hypothèses n'approche de la vérité. Il y a dans tout cela de grands frais d'imagination qu'on aurait pu s'épargner en procédant d'une manière plus rationnelle; surtout si, avant de chercher l'explication d'un chiffre placé sur un monument, on avait pris la peine de déterminer l'origine du monument lui-même. Or, c'est tout autrement qu'on a procédé; de là les erreurs qui ont fait

d'or à son mortier, à la différence des autres Présidens qui n'en ont qu'un.

— Le premier Président et les Présidens à mortier sont conduits dans le Palais par les huissiers, portant la robe rouge, le bonnet d'or, et la baguette en main; et, quand ils sortent, les huissiers marchent devant jusqu'à la Sainte-Chapelle. (*Ibid.*)

attribuer au xiiie et au xvie siècle une construction d'une date évidemment plus récente. Les preuves abondent sur ce point; mais n'y eut-il que celles qui résultent du caractère particulier du bâtiment et de l'acte de concession du terrain sur lequel il s'élève, ces preuves ne seraient-elles pas suffisantes pour démontrer l'absurdité des conjectures hasardées au sujet du double **W**?

Ceux qui prétendent que ce chiffre signifie *vive Valois*, imaginent une triple fable à l'appui de leur dire. Selon eux, Henri II aurait habité le Palais; Diane de Poitiers, sa maîtresse, aurait occupé l'Hôtel de la Présidence, et Jean Goujon *aurait pu de sa main libre et savante tracer le chiffre mystérieux sur les murailles parlementaires.* Le roman est complet, comme on voit. Par malheur, il est constant: 1° que depuis le xie siècle jusqu'à la fin du xviiie, l'Hôtel n'a été habité que par les Baillis, d'abord, et ensuite, par les premiers Présidens; 2° qu'à l'époque où ont dû être jetés les premiers fondemens de l'Hôtel (c'est-à-dire en 1607 ou 1608), il y avait près de cent ans que les rois de France avaient abandonné, comme résidence, l'ancien Palais de la Cité; 3° que Henri II habitait le château des Tournelles, construit sur le terrain actuellement occupé par la place Royale, et où il mourut, le 10 juillet 1559, par suite de la blessure qu'il avait reçue dans sa *passe d'armes* avec le comte de Montgommery; 4° enfin, que la duchesse de Valentinois, morte en 1566, n'a pu habiter un hôtel construit au commencement du siècle suivant. On sait d'ailleurs que Diane de Poitiers avait trois hôtels, plus rapprochés du palais de Henri II, savoir: l'hôtel Barbette, vieille rue du Temple, l'hôtel d'Estampes, rue St-Antoine, et l'hôtel de Roquencourt, rue des Étuves-St-Honoré. — Que dire de Jean Goujon, tué dans les massacres de la St-Barthélemy, et qui revient, quarante ou cinquante ans après, pour tracer une double lettre sur la façade d'une maison? En vérité, ce n'était pas la peine de ressusciter pour si peu.

Nous passons sous silence le vénérable évêque Jean Winchester, qui aurait été âgé d'environ trois siècles et demi, au moment où fut construit l'Hôtel de la Présidence. C'est une des moindres erreurs échappées à la plume inconséquente de l'un des derniers historiens de la ville de

Paris. — Quant aux deux architectes *Wirmbold* et *Wauthier*, qui auraient eu l'indiscrétion d'écrire leur chiffre sur la façade d'un hôtel construit pour le compte du premier Président, nous avons fait de vaines recherches pour découvrir leurs noms dans les écrits contemporains, et nous les soupçonnons fort d'être des personnages de pure invention.

Maintenant, si on nous demande notre opinion sur le chiffre tant et si diversement expliqué, nous avouerons que notre embarras a été grand, lorsque, pour la première fois, nous nous sommes mis à en rechercher la signification. Mais pourtant, après avoir déterminé d'une manière précise l'époque de la construction de l'hôtel, après nous être assuré que le signe héraldique qui figure alternativement avec le **W** sur les fenêtres du second étage, n'était autre qu'un *mortier*, nous avons dû en conclure que le chiffre était celui d'un des premiers Présidens du Parlement. Or, la liste chronologique de ces hauts magistrats nous offre, en 1611, le nom de M. Nicolas de Verdun, premier Président du Parlement de Toulouse (1), appelé à la Présidence du Parlement de Paris, par suite de la démission de M. Achille de Harlay; d'où il est permis de penser (ainsi que nous

______

(1) Ce magistrat montra une grande fermeté à réprimer les écarts et les empiètemens des diverses corporations. Le 17 décembre 1611, à l'occasion d'une usurpation des jésuites du collége de Clermont contre les droits de l'Université, il prononça, au nom du Parlement, un arrêt par lequel il leur est enjoint « *de se conformer à la doctrine de l'École de Sorbonne,* » *mesme en ce qui concerne la personne sacrée de nos rois, manutention* » *de leur autorité royale, et les libertés de l'Église gallicane; leur* » *faisant inhibitions et défenses de rien innover, s'entremettre, par eux ou* » *personnes interposées, de l'instruction de la jeunesse en la ville de Paris,* » *et d'y faire aucun acte de scolarité, sous peine de déchéance du* » *rétablissement à eux accordé.* »

Le Parlement de Toulouse auquel avait appartenu M. de Verdun, venait immédiatement après celui de Paris. A cette époque, les Parlemens en France étaient au nombre de huit. Sous Louis XIV, ce nombre fut porté à douze, ce qui donna naissance à une sorte d'allégorie qui représentait le soleil (emblème de Louis XIV), parcourant le zodiaque divisé en douze signes, avec cette devise tirée du premier livre des Géorgiques : *Per duodena regit;* ce qui voulait dire sans doute, en cette circonstance, que le Roi gouvernait son royaume à l'aide des douze Parlemens.

l'avons déjà dit) que l'Hôtel de la Présidence, commencé par ordre de ce dernier (1), aura été terminé sous son successeur, dont l'initiale aura servi à former le chiffre qui figure sur la façade de l'édifice (2).

Ce n'est pas sans de mûres réflexions que nous avons définitivement adopté cette explication, la seule qui nous paraisse satisfaisante, puisqu'elle se concilie à la fois avec les dates de construction et les noms des personnages qui s'y rapportent. Sans doute elle ne présente point le degré d'évidence et de certitude qui résulterait de preuves matérielles et directes, mais elle remplace des hypothèses plus ou moins hasardées, et substitue ainsi le probable à l'invraisemblable, à l'impossible. C'est là un avantage qu'on ne saurait méconnaître. Ajoutons qu'il y a, dans le domaine historique, un grand nombre de faits qui ne reposent pas sur une base plus solide, et qui n'en sont pas moins admis comme incontestables.

En résumé, l'Hôtel actuellement occupé par la Préfecture de Police, si on considère la durée entière de son existence à travers les phases de reconstructions et de modifications qu'il a subies, présente quatre périodes principales : l'une, où, sans porter de désignation particulière, il sert de demeure

(1) A l'appui de cette assertion, nous apporterons une preuve qui nous semble irrécusable; c'est le témoignage d'un écrivain contemporain qui a pu s'assurer par lui-même du fait qu'il mentionne. Voici comment s'exprime à ce sujet Claude Malingre, historiographe du roi : « *L'hostel de ce jardin* (le jardin du Palais) *est rebasti tout de nouveau du tems de Monsieur de Harlay, premier Président, avec deux beaux grands pavillons et autres petits, le tout couvert d'ardoises.* » (*Les Antiquités de Paris*, page 128.)

ᐧ (2) On sait qu'il est assez ordinaire, en pareil cas, de former le chiffre par la répétition de l'initiale. — Sur plusieurs édifices du tems de Henri II, notamment sur l'arche en pierre de la rue de Nazareth, on trouve le chiffre de Diane de Poitiers, formé de deux **D** entrelacés. — Louis XIII, Louis XIV et Louis XVIII avaient adopté les deux **L** accolés en sens inverse; Charles X se servait du double **C** croisé. (*Voir* le Louvre, Versailles et quelques autres monumens.)

aux Concierges et aux Baillis du Palais (de 1100 environ à
1485); l'autre, où il prend le titre d'Hôtel du Bailliage et
reçoit successivement les Baillis et les premiers Présidens
(de 1485 à 1611); une troisième, où reconstruit par les
Présidens Achille de Harlay et Nicolas de Verdun, il est
désigné sous le nom d'Hôtel de la Présidence (de 1611 à 1671);
une quatrième enfin, où par suite de l'aliénation consentie
en faveur de M. de Lamoignon, il se complète par l'adjonc-
tion de plusieurs corps de bâtimens, et éprouve des modifications importantes dans la disposition des cours et du
jardin (de 1671 à 1790).

Les Parlemens ayant été supprimés dans le cours de cette
dernière année, les scellés sont apposés sur les papiers
du Parlement de Paris (1), et la liste de ses premiers
Présidens se trouve ainsi close après le nom de M. Bochard
de Saron, celui-là même qui, dans la séance du 23 juillet 1789, avait apporté à l'Assemblée nationale l'acte
d'adhésion de sa Compagnie.

A partir de cette époque, l'Hôtel de la Présidence cessa
d'être une résidence spéciale jusqu'en 1792, où il devint
la demeure des Maires de Paris qui y établirent successivement la Commission administrative de police et le Bureau
central du canton de Paris (2). Cette dernière administration
l'occupait encore, quand elle dut céder la place à la Préfecture
de Police, instituée conformément au décret du 28 pluviôse
an VIII.

Pour compléter autant que possible les renseignemens
historiques contenus dans cette courte notice, il nous reste
à mentionner quelques particularités peu connues, et qui,

(1) En novembre 1790. — Une planche du T. II de *la Révolution
française, en estampes*, représente le Maire de Paris venant, à la tête
de la garde nationale, apposer les scellés sur les papiers du Parlement.

(2) C'est au mois de mai 1792, que la Mairie fut transférée de l'hôtel
des lieutenans-généraux, rue Neuve-des-Capucines, en celui de la
Présidence. Pétion venait de succéder à Bailly; il eut lui-même pour
successeurs : Chambon (1793), et Pache (1794). Fleuriot ne fut que
Maire provisoire.

sans tenir essentiellement au sujet qui nous occupe, s'y rattachent pourtant comme circonstances accessoires.

On arrivait à l'Hôtel de la Présidence, comme on arrive aujourd'hui à la Préfecture de Police, par deux rues courtes, étroites et obscures qui, aboutissant d'un côté, à la cour de la Sainte-Chapelle, et de l'autre, au quai des Orfèvres, à travers une grille massive, se rencontraient à angle droit à quelques mètres de distance de la porte de l'Hôtel. De ces deux rues l'une porte le nom de rue de Jérusalem; l'autre a été désignée sous ceux de Nazareth et de Galilée. Ces désignations ne sont pas sans importance historique, puisque elles nous rappellent, après six siècles écoulés, que là étaient logés, aux frais du roi, les pèlerins prêts à partir pour la Terre-Sainte ou qui en étaient revenus, et qu'elles sont comme une émanation de la pensée qui avait présidé à la fondation de la Sainte-Chapelle. En effet, cette chapelle, construite en 1245, pour renfermer les précieuses reliques portées de Jérusalem à Constantinople et de Constantinople à Paris (1), devait être considérée comme le point de départ et le dernier terme de toutes les entreprises qui avaient pour objet de visiter la Terre-Sainte ou de contribuer à sa délivrance. C'était là que les fidèles venaient puiser en quelque sorte le saint enthousiasme qui devait les animer durant le cours de leur long pèlerinage; là aussi qu'ils venaient rapporter le fruit de leurs labeurs et en recevoir la récompense.

Ces pieux souvenirs ne sont pas les seuls qui se rattachent à l'existence des deux rues. Elles ont aussi leurs souvenirs littéraires.

Au mois de mars 1711, Nicolas Boileau, le chantre du *Lutrin*, fut enseveli dans la chapelle basse de la Sainte-Chapelle. On sait que la famille du poëte habitait dans l'enceinte du Palais, et que le père de celui-ci, nommé Gilles Boileau, était greffier de la Grand'chambre au Parlement de Paris. Des actes authentiques établissent que l'illustre auteur des *Satires*, né le 1er novembre 1636, fut baptisé, le

(1) Ce magnifique bâtiment, dit l'auteur du *Dictionnaire historique de Paris*, coûta quarante mille livres, c'est-à-dire huit cent mille livres de notre monnaie. Les reliques et les châsses avaient coûté cent mille livres (environ deux millions).

jour suivant, par le curé de la Sainte-Chapelle (1). Or, la maison où il naquit était l'ancienne maison canoniale de Gillot, et appartenait alors au sieur Tardieu, son neveu. Elle existe encore, rue de Jérusalem, et porte le n° 5... C'est la première à main droite, en sortant de la Préfecture de Police.

En face de cette maison et dans le corps de bâtiment qui avance en angle au point d'intersection des deux rues, se trouvait un assez vaste appartement dont la pièce principale divisée en arcades, était remarquable par un haut plafond à voussures. C'était la demeure des Trésoriers de la Cour des Comptes. C'est là aussi que logeait Messire François Arouet, nommé trésorier, le 10 septembre 1696. Environ deux ans auparavant, il avait eu pour fils, François-Marie Arouet (de Voltaire) le grand et fécond écrivain (2).

Ainsi l'enfance de deux des hommes qui répandirent le plus

(1) Certificat signé Binet, curé de la basse Sainte-Chapelle du Palais, en date du 26 janvier 1699. (V. *OEuvres de N. Boileau*, édition publiée par M. Berriat-Saint-Prix, T. I, p. 8.)

— On a prétendu que Boileau était né à Crône; c'est une erreur qui ne nous semble plus permise après les curieuses et patientes investigations dont M. Berriat-Saint-Prix a consigné le résultat dans l'ouvrage que nous venons de citer. — Le Boileau qui est né à Crône est Gilles Boileau, père du célèbre écrivain.

— Parmi les pièces justificatives publiées à la suite de la même édition (T. IV, p. 472), on trouve l'extrait suivant des registres de la Sainte-Chapelle : « Le dimanche 15 mars 1711, a été transporté dans l'église de » la Sainte-Chapelle, par Messieurs de la paroisse de St-Jean-le-Rond, » le corps mort de défunt Messire Nicolas Boileau, écuyer sieur Des- » préaux, un des 40 de Messieurs de l'Académie française, décédé » le 13e; et enterré le lendemain matin 16e dudit mois, dans ladite église » de la Sainte-Chapelle. — Ont assisté : Messire Jacques Boileau, » prêtre,..... frère,..... Pierre Gilbert de Voisins, Président de la seconde » Chambre des enquêtes, Pierre Gilbert de Voisins, conseiller au » Parlement, neveux du défunt. »

(2) « Le lundi, 22e jour de novembre 1694, fut baptisé dans l'église » Saint-André-des-Arts, par Bouché, prêtre vicaire de ladite église, » soussigné, François-Marie, né le jour précédent, fils de Me François » Arouet, conseiller du Roi, ancien notaire au Châtelet de Paris, et de » damoiselle Marie-Marguerite Daumart, sa femme..... etc. » (*Ibid.*, T. IV, p. 492.)

d'éclat sur le XVIIᵉ et le XVIIIᵉ siècles, a eu pour asile deux habitations situées vis-à-vis l'une de l'autre, et contiguës toutes les deux à l'Hôtel de la Présidence.

Ce rapprochement, auquel on n'a pas encore songé, nous a paru assez curieux pour que nous n'ayons pas hésité à le consigner ici.

La rue de Nazareth dont nous avons déjà parlé a porté aussi le nom de rue de l'Arcade, à cause de la voûte ou arcade qui sert à établir une communication entre les deux corps de bâtiment de la Cour des Comptes. Cette petite construction traitée avec le soin et la recherche d'art que, au XVIᵉ siècle, on apportait dans les moindres détails des édifices, est remarquable par la délicatesse d'exécution qu'on observe dans les consoles sculptées qui lui servent de support. Les têtes de faunes et de femmes qui forment la partie inférieure de ces consoles sont d'un fort beau travail. Entre chaque console, au plafond de l'imposte supportant l'archivolte, on trouve les monogrammes de Henri II et de Diane de Poitiers, accompagnés d'une fleur de lys et d'un croissant. Ces divers ornemens sont de la main de Jean Goujon. On attribue généralement au même artiste les deux génies qui décorent les tympans (1).

(1) Ces figures, en effet, sont exécutées avec toute l'élégance de formes, la grâce et la délicatesse que l'on admire dans les meilleurs ouvrages de ce grand artiste; mais, en les examinant de près et avec attention, on reconnaît qu'elles sont exactement les mêmes, qu'elles sont trop petites pour l'espace où on les a renfermées; et enfin, on aperçoit des traces qui semblent prouver qu'elles ont été ajoutées après coup. Il y a donc tout lieu de croire qu'elles sont dues à quelque opération de moulage qui aura permis de reproduire et de multiplier ainsi la même figure. — Les recherches auxquelles nous nous sommes livré pour éclaircir ce point de critique monumentale nous font penser que l'opération dont il est ici question pourrait bien ne pas remonter plus haut que l'année 1788, époque où la fontaine des Innocens, qui était située à l'encoignure des rues aux Fers et Saint-Denis, fut réunie en un seul corps de monument, et transportée à la place qu'elle occupe aujourd'hui. Cette fontaine n'avait que trois côtés; il fallut songer à en élever un quatrième; et comme on aurait craint, en innovant, de rompre la belle harmonie de l'œuvre de Jean Goujon, on se livra à différens essais, soit pour copier, soit pour reproduire par le moulage les figures qui existaient déjà. Après

En sortant de la rue de Jérusalem, du côté de la rivière, on avait, à droite, le quai des Orfèvres, et, à gauche, une petite rue étroite qu'on appelait rue Saint-Louis. Cette rue avait été ainsi nommée par le premier Président le Jay, qui, en 1630, fit bâtir les maisons qui bordaient la rivière au-dessous du pont Saint-Michel (1). Dans la même année, ce magistrat fit ouvrir, dans l'enceinte même du Palais, une nouvelle rue formée de maisons pareilles, et terminée par un vaste pavillon donnant sur la cour de la Sainte-Chapelle. La rue fut appelée rue Sainte-Anne, du nom de la reine Anne d'Autriche. Elle vient de disparaître, en grande partie, par l'effet des démolitions exécutées dans le courant de l'année dernière.

Ainsi disparaîtront peut-être la plupart des édifices que nous venons de décrire. C'est pour cela qu'il importe de recueillir les souvenirs qui s'y rapportent, et d'en conserver fidèlement l'image à l'aide des moyens de reproduction que l'art moderne peut nous offrir.

Nous ne sommes pas de ceux qui poussent à l'extrême le culte des vieux monumens. Un amas de pierres qui n'a d'autre valeur que celle qu'il emprunte à l'ancienneté de sa construction, nous semble peu digne d'attention tant qu'il existe, peu digne de regret lorsqu'il a cessé d'exister : c'est d'ailleurs un droit et un devoir pour l'autorité qui veille au bien-être des habitans d'une grande cité, de leur donner l'air et l'espace, ces deux conditions indispensables de la santé publique et de la libre circulation. Mais lorsqu'un monument se recommande

bien des tentatives, on finit par confier la restauration du monument au sieur Pajou, sculpteur du Roi, qui se borna à imiter la manière de Jean Goujon, en décorant la nouvelle façade de deux naïades, deux renommées et un grand bas-relief de huit pieds de long. — Les essais de moulage n'eurent aucune suite, quant à la fontaine. N'aurait-on pas voulu en utiliser les résultats en les faisant servir à la décoration de l'arc de la rue de Nazareth? Ce qu'il y a de bien certain, c'est qu'avant cette époque, les descriptions de ce dernier monument ne font point mention de figures sculptées ou moulées au-dessus et des deux côtés de l'arcade.

(1) Ces maisons ont été démolies en 1808. L'année précédente avait vu disparaître celles qui bordaient le pont St-Michel. (Voir la *Collection officielle des Ordonnances de Police*, aux dates des 30 novembre 1807 et 27 avril 1808, T. 1er, p. 364 et 378).

sous le double rapport de l'histoire et de l'art, lorsqu'il reste comme pour porter témoignage des tems passés et d'institutions abolies, nous croyons qu'il faut le respecter, ou que du moins, si un intérêt supérieur ordonne qu'il disparaisse, on doit arracher à la destruction et à l'oubli ses débris les plus précieux. — Agir autrement ne serait pas faire acte de civilisation avancée; ce serait se méprendre sur les besoins de notre époque, imiter l'exemple des Romains de la décadence qui démolissaient pierre à pierre les anciens monumens pour élever des maisons particulières, et encourir le reproche que leur adressait l'empereur Majorien, dans la loi qu'il rendit pour réprimer d'aussi coupables abus : « On disperse les matériaux de nos belles et antiques constructions, et pour réparer de petites choses on en détruit de grandes. » (*Antiquarum œdium dissipatur speciosa constructio; et ut aliquid reparetur magna diruuntur*) (1).

(1) Novella Majoriani. Tit. vi, pag. 35.

LISTE CHRONOLOGIQUE

DES MAGISTRATS QUI ONT RÉSIDÉ A L'HOTEL DE LA PRÉSIDENCE,

AVANT ET DEPUIS 1611, ÉPOQUE DE SA RECONSTRUCTION.

PREMIERS PRÉSIDENS DU PARLEMENT.

I.— HUGUES DE COURCI, ci-devant Prévôt de Paris, qualifié dans les registres de la Cour de 1334, *premier Maître du Parlement de Paris ;* — mort en 1336.

II. — GUILLAUME BERTRAND, nommé après Guillaume FLOTTE, Chancelier de France, comme premier Maître du Parlement, dans la déclaration du roi Philippe de Valois, pour les priviléges accordés à l'Université de Paris, en 1340.

III. — SIMON DE BUCI, établi Chef du Parlement, avec la qualité de *premier Président,* par le réglement de Philippe de Valois, du 11 mars 1344 ; — mort le 8 mai 1369.

IV. — PIERRE DE DEMEVILLE, qualifié *premier Président* dans les lettres du roi Charles V, du 2 août 1370.

V. — GUILLAUME DE SERIZ, reçu le 17 juin 1371 ; — mort le 22 octobre 1373.

VI. — PIERRE D'ORGEMONT, reçu le 12 novembre 1373 ; — élu Chancelier de France, le 20 des mêmes mois et an ; — mort le 3 juin 1389.

VII. — ARNAUD DE CORBIE, reçu le 1er janvier 1374 ; — Chancelier en 1388 ; — mort le 24 mars 1413.

VIII. — GUILLAUME DE SENS, nommé en 1388 ; — mort en 1399.

IX. — JEAN DE POPAINCOURT, reçu le 14 avril 1400 ; — mort le 21 mai 1403.

X. — HENRI LE CORGNE, dit DE MARLE, reçu le 22 mai 1402 ; — Chancelier de France le 8 août 1413 ; — *assassiné* le 12 juin 1418.

XI. — ROBERT MAUGER, reçu le 15 août 1413 ; — *destitué* le 25 juin 1418 ; — mort le 25 décembre même année.

XII. — PHILIPPE DE MORVILLIER, établi le 18 juillet 1418 ; — *chassé* de Paris en 1436 ; — mort le 25 juillet 1438.

XIII. — JEAN DE VAILLY, établi, par Charles VII, premier Président au Parlement de Paris, qui était transféré à Poitiers ; — mort le 11 mars 1434.

XIV. — ADAM DE CAMBRAY succède à Jean de VAILLY, et continue l'exercice de cet office à Paris, lorsque le Parlement y fut rétabli en 1436 ; — mort le 15 mars 1456.

XV. — YVES DE SCÉPEAUX, reçu le 19 août 1457 ; — mort en 1461.

XVI. — HÉLYE DE TOURETTES, installé le 11 septembre 1461 ; — mort en décembre de la même année.

XVII. — Matthieu de NANTERRE, élu 26 décembre 1461 ; — *destitué* le 18 décembre 1465 ; — mort en 1487.

XVIII.— Jean DAUVET, établi par Louis XI le 18 décembre 1465 ; — mort le 23 novembre 1471.

XIX. — Jean LE BOULANGER, élu le 8 décembre 1471 ; — mort le 24 février 1481.

XX. — Jean de la VACQUERIE, élu en mars 1481 ; — mort le 21 juillet 1497.

XXI. — Pierre de COTHARDI, reçu le 28 août 1497 ; — mort le 25 octobre 1505.

XXII. — Jean de GANAY, élu en 1507 ; — Chancelier de France en 1512.

XXIII. — Antoine du PRAT, reçu le 8 février 1507 ; — Chancelier de France, 7 janvier 1515 ; — Cardinal en 1527 ; — mort le 9 juillet 1535.

XXIV.— MONDOT de la MARTHONIE, reçu le 3 février 1515 ; — mort en 1517.

XXV. — Jacques OLIVIER, reçu le 29 mai 1517 ; — mort le 20 novembre 1520.

XXVI. — Jean de SELVE, reçu le 17 décembre 1520 ; — mort en août 1529.

XXVII. — Pierre LIZET, reçu le 20 décembre 1529 ; — mort le 7 juin 1554, Abbé de Saint-Victor.

XXVIII. — Jean BERTRAND, reçu le 12 juillet 1550 ; — nommé ensuite Garde des Sceaux de France ; — mort Cardinal et Archevêque de Sens, le 4 décembre 1560.

XXIX. — Gilles le MAITRE, reçu le 12 juin 1551 ; — mort le 5 décembre 1562.

XXX. — Christophe de THOU, reçu le 14 décembre 1562 ; — mort le 1er novembre 1582.

XXXI. — Achille de HARLAY, reçu le 6 janvier 1583 ; — *démissionnaire* en 1611 ; — mort en 1616.

XXXII. — Nicolas de VERDUN, pourvu sur la démission d'Achille de Harlay, le 9 avril 1611 ; — mort le 23 mars 1627.

XXXIII.— Jérôme de HACQUEVILLE, reçu le 25 septembre 1627 ; — mort le 18 novembre 1628.

XXXIV.— Jean BOCHART, reçu le 12 novembre 1629 ; — mort le 27 avril 1630.

XXXV.— Nicolas le JAY, reçu le 18 novembre 1630 ; — mort le 30 décembre 1640.

XXXVI. — Matthieu MOLÉ, reçu le 19 novembre 1641 ; — nommé ensuite Garde des Sceaux de France ; — mort en janvier 1656.

XXXVII.— POMPONNE de BELLIEVRE, reçu sur la démission de Matthieu Molé, le 22 avril 1653 ; — mort le 15 mars 1657.

XXXVIII. — Guillaume de LAMOIGNON, reçu le 16 novembre 1658 ; — mort le 10 décembre 1677.

XXXIX. — Nicolas POTIER, reçu le 13 juin 1678 ; — *démissionnaire* en 1689 ; — mort le 1er septembre 1693.

XL. Achille de HARLAY, reçu le 13 novembre 1689 ; — *démissionnaire* en 1707 ; — mort le 23 juillet 1712.

XLI. — Louis le PELLETIER, reçu le 5 mai 1707 ; — *démissionnaire* en janvier 1712.

XLII. — Jean-Antoine de MESMES, reçu le 15 janvier 1712 ; — mort le 23 août 1723.

XLIII. — André POTIER, reçu le 20 décembre 1723 ; — *démissionnaire* en septembre 1724.

XLIV. — Antoine PORTAIL, nommé le 24 septembre 1724 ; installé le 13 novembre suivant ; — mort le 3 mai 1736.

XLV. — Louis le PELLETIER, nommé le 8 mai 1736, reçu le 29 du même mois ; — *démissionnaire* le 1er octobre 1743.

XLVI. — René-Charles de MAUPEOU, reçu le 12 novembre 1743.

XLVII. — Matthieu-François MOLÉ de CHAMPLATREUX, nommé en 1757, sur la démission de M. de Maupeou.

XLVIII. — René-Charles-Augustin de MAUPEOU, nommé en octobre 1763 ; — Chancelier le 10 septembre 1768.

XLIX. — Étienne-François d'ALIGRE, nommé en 1768 ; — *supprimé* en 1771.

L. — Louis-Jean BERTHIER de SAUVIGNY, en fonctions depuis le 1er avril 1771 jusqu'au 12 novembre 1775.

LI. — Etienne-François d'ALIGRE, ancien premier Président, *renommé* le 12 novembre 1775, reste jusqu'au 12 novembre 1788.

LII. — Louis-François-de-Paule LEFEBVRE d'ORMESSON, entré en fonctions le 12 novembre 1788 ; — mort le 2 février 1789.

LIII. — Jean-Baptiste-Gaspard BOCHARD de SARON, en fonctions, du 2 février au 5 novembre 1789 ; — *condamné* par le Tribunal révolutionnaire, et *exécuté* le 20 avril 1794.

———◆———

MAIRES DE PARIS.

I. — PÉTION de VILLENEUVE, Membre de l'Assemblée législative, élu le 16 novembre 1791, installé à l'Hôtel de la Présidence le 7 mai 1792.

II. — CHAMBON, ancien Médecin, élu le 4 décembre 1792.

III. — PACHE, ancien Ministre, élu le 16 février 1793.

VI. — FLEURIOT, substitut de l'accusateur public près le Tribunal révolutionnaire, nommé *Maire provisoire*, le 21 floréal an II (10 mai 1794 ; — *destitué* le 9 thermidor (27 juillet) suivant.

PRÉFETS DE POLICE.

I.— DUBOIS, Membre du Bureau central du canton de Paris, nommé le 17 ventôse an VIII (8 mars 1800).

II. — PASQUIER, Conseiller d'État, nommé le 14 octobre 1810.

III.— BEUGNOT, Préfet du Nord, *Directeur-général exerçant les fonctions de Préfet de Police*, nommé le 13 mai 1814.

IV. — D'ANDRÉ, *Directeur-général exerçant les fonctions de Préfet de Police*, nommé le 2 décembre 1814.

V. — DE BOURRIENNE, Conseiller d'État, nommé le 14 mars 1815.

VI. — RÉAL, Conseiller d'État, nommé le 20 mars 1815.

VII.— COURTIN, Procureur impérial près le Tribunal de première Instance de la Seine, nommé le 3 juillet 1815.

VIII. — DECAZES, Conseiller à la Cour royale de Paris, nommé le 9 juillet 1815.

IX. — ANGLÈS, Ministre d'État, nommé le 29 septembre 1815.

X.— DELAVAU, Conseiller à la Cour royale de Paris, nommé le 2 décembre 1821.

XI. — DEBELLEYME, Procureur du Roi près le Tribunal de première Instance de la Seine, nommé le 6 janvier 1828.

XII.— MANGIN, Conseiller à la Cour de cassation, nommé le 13 août 1829.

XIII.— BAVOUX, Député de la Seine, nommé le 30 juillet 1830.

XIV.— GIROD (de l'Ain), Conseiller à la Cour royale de Paris, nommé le 1er août 1830.

XV.— TREILHARD, Préfet du département de la Seine-Inférieure, nommé le 7 novembre 1830.

XVI.— BAUDE, Sous-Secrétaire d'État au ministère de l'Intérieur, nommé le 26 décembre 1830.

XVII.— VIVIEN, Procureur-général près la Cour royale d'Amiens, nommé le 21 février 1831.

XVIII.— SAULNIER, Préfet du département de la Mayenne, nommé le 17 septembre 1831.

XIX.— GISQUET, Secrétaire-général de la Préfecture de Police, *Préfet par interim*, le 15 octobre 1831, nommé *Préfet de Police*, le 26 novembre 1831.

XX.— GABRIEL DELESSERT, Préfet du département d'Eure-et-Loir, nommé le 10 septembre 1836.

PL. 1.

PLAN
De la partie Occidentale de la Cité,
au milieu du 17e siècle,
avec l'indication des constructions exécutées jusqu'en 1672.

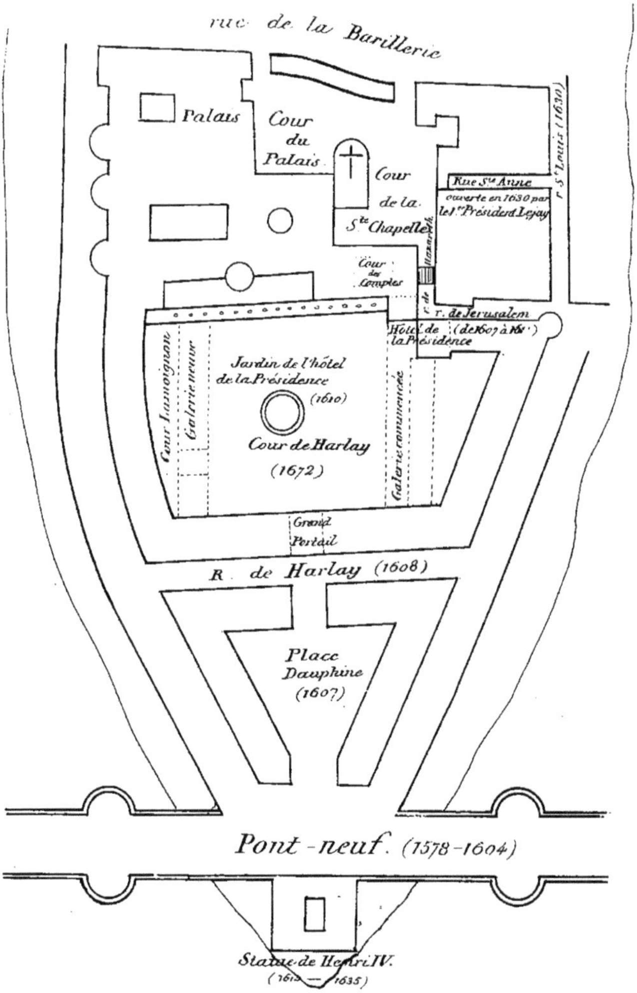

rue de la Barillerie
Palais
Cour du Palais
Cour de la Ste Chapelle
Cour des Comptes
r. S.t Louis (1630)
Rue Ste Anne ouverte en 1630 par le 1.er Président Lejay
r. de Jerusalem
Hôtel de la Présidence (de 1607 à 16..)
Cour Lamoignon
Galerie neuve
Jardin de l'hôtel de la Présidence (1610)
Cour de Harlay (1672)
Galerie commencée
Grand Portail
R. de Harlay (1608)
Place Dauphine (1607)
Pont - neuf. (1578 - 1604)
Statue de Henri IV. (1613 — 1635)

D'après nature par Ch. Thouvenot.

Façade Occidentale.

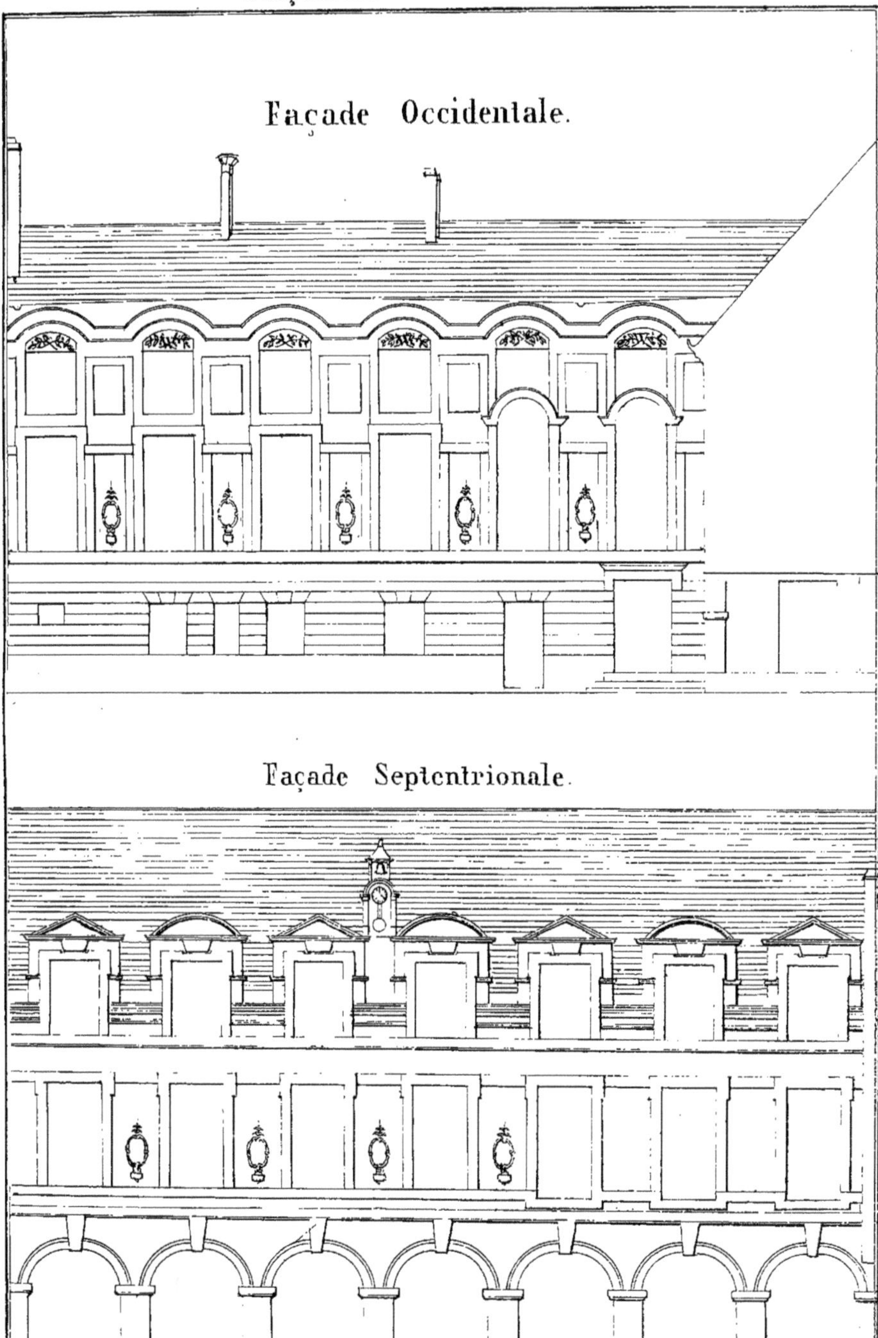

Façade Septentrionale.

D'après nature par Ch. Thouvenot

FAÇADE MÉRIDIONALE D'APRÈS ISRAËL SILVESTRE.

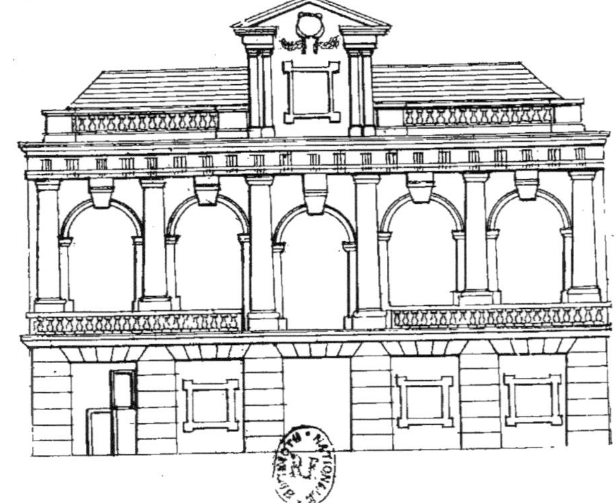

D'après nature par Ch. Thouvenot.

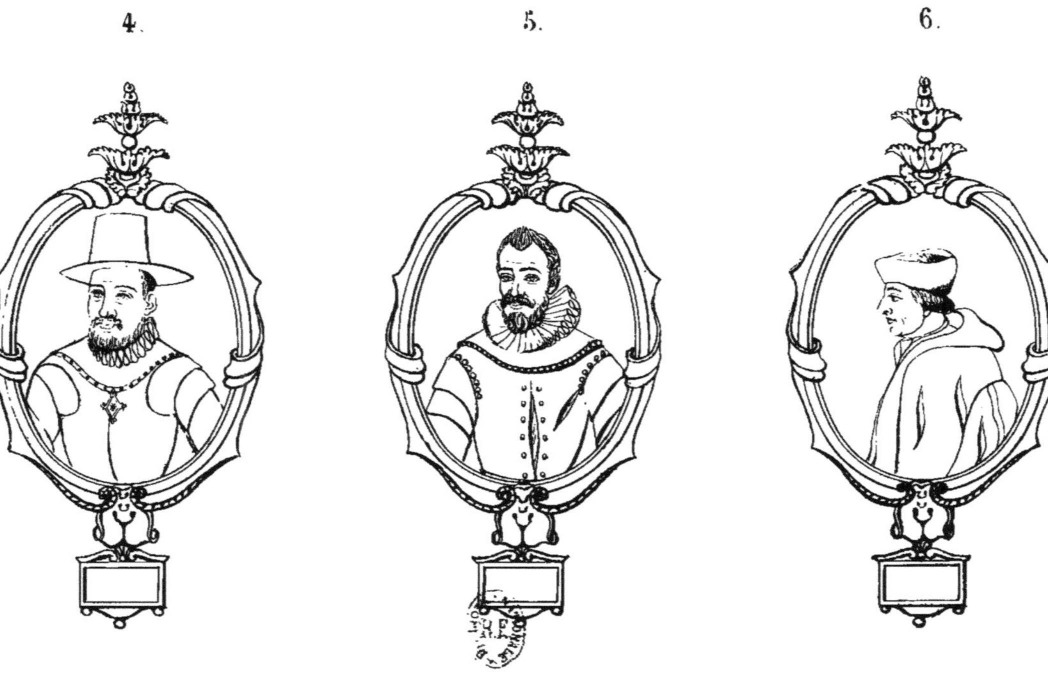

D'après nature par Ch. Thouvenot.

D'après nature par Ch. Thouvenot.

ARC EN PIERRE, RUE DE NAZARETH.

D'après nature par Ch. Thévenot.

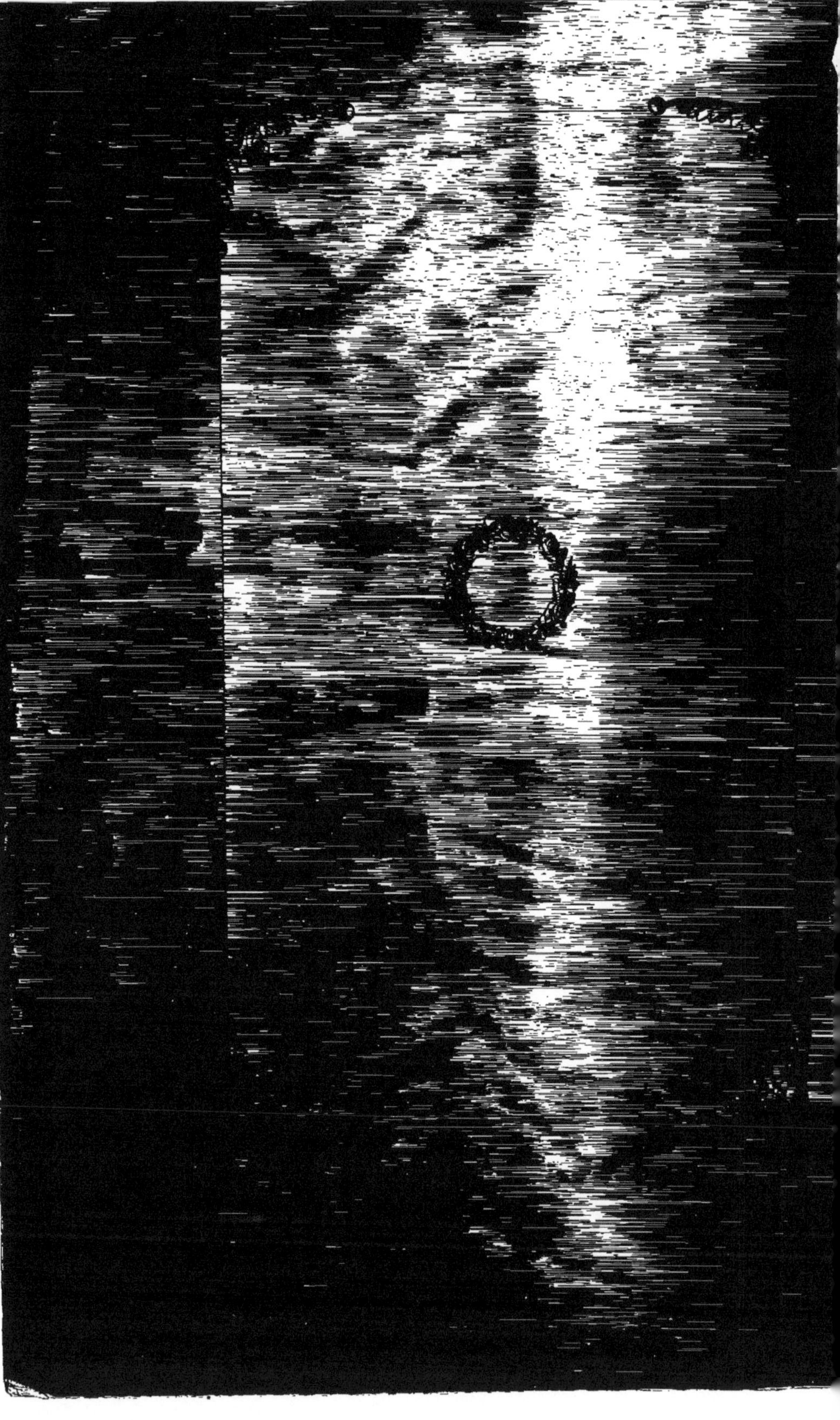

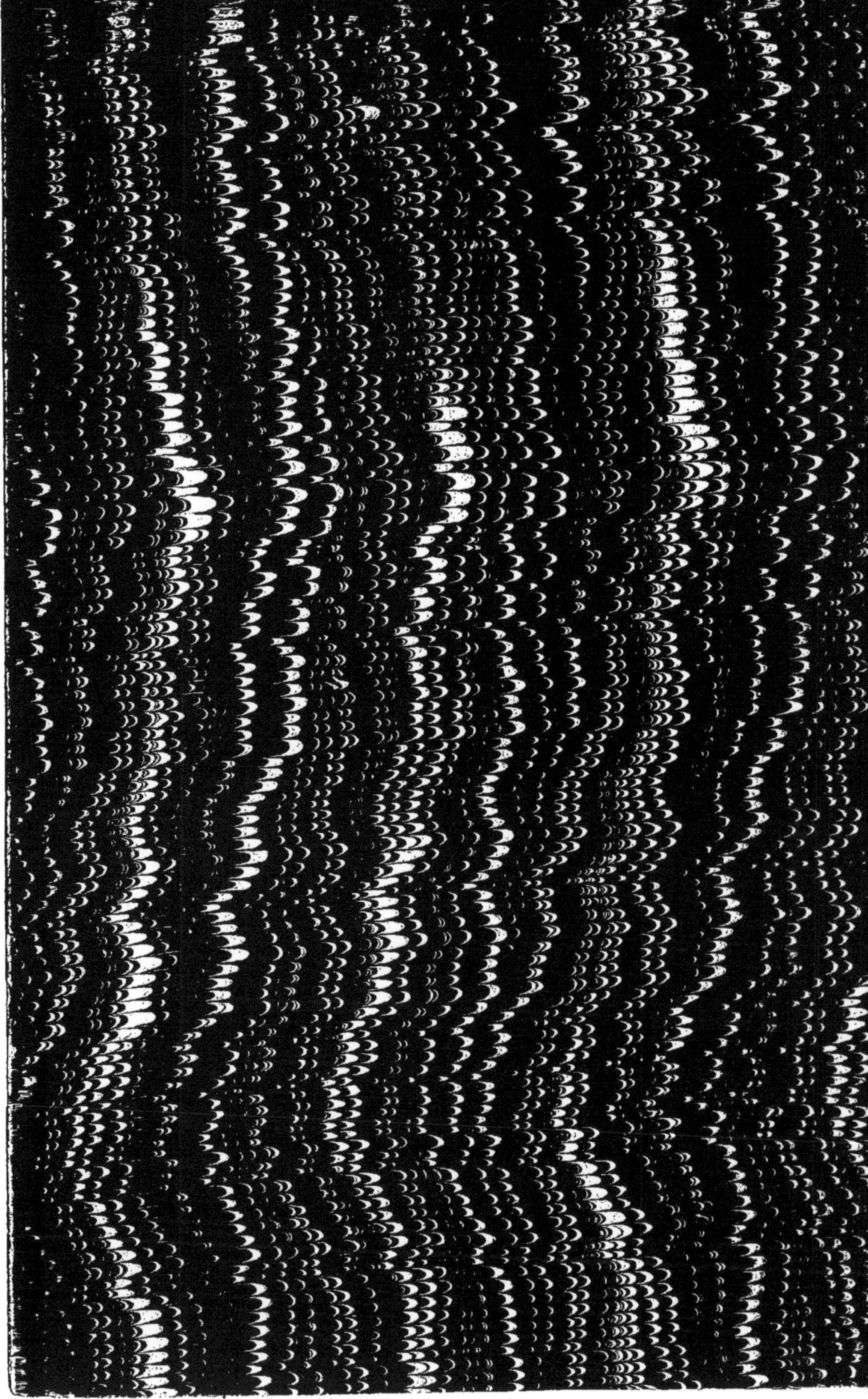

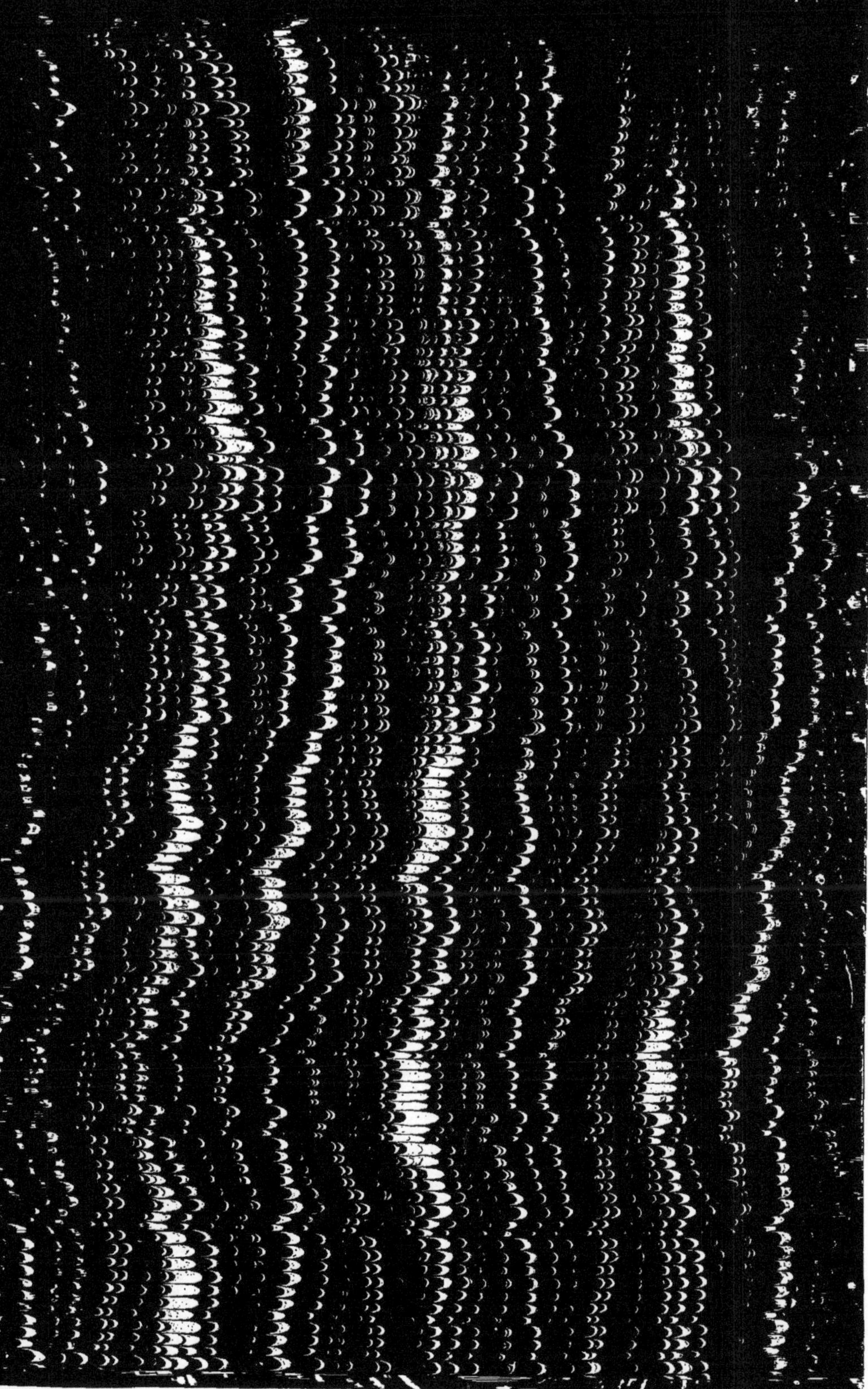

BIBLIOTHEQUE NATIONALE DE FRANCE
3 7531 04273075 5

www.ingramcontent.com/pod-product-compliance
Ingram Content Group UK Ltd.
Pitfield, Milton Keynes, MK11 3LW, UK
UKHW020113240726
13926UKWH00011B/946